The
St. Gregory Hymnal
and
Catholic Choir Book

by

Nicola A. Montani

Singers' Edition   Melody Edition

(1940 Supplement)

ISBN: 978-1-62992-036-8

1940 Supplement Pages to the St. Gregory Hymnal and Catholic Choir Book, Singers Ed. Melody Ed.

Published by Fairhaven Press Inc.

Printed in the USA, UK, EU & Australia

Fairhaven Press
4300 Speedway #49947
Austin, Texas 78765

ASPERGES

XIII Century

Sung on Sundays during the year except in Eastertide.

A - sper - ges me, Do - mi - ne, hys-só - po, et mun-dá - bor: la - vá - bis me, et su - per ni - vem de al-bá - bor!

Ps. 50. Mi - se - ré-re me - i, De - us, Se - cún-dum mágnam mi-se-ri-cór di-am tu am.

Gló - ri - a Pa-tri, et Fi-li-o, et Spi-rí - tu-i San-cto.

(✻ Note:) On Passion and Palm Sundays the "Gloria Patri" is omitted and repetition is made from the "Asperges me" to the Psalm.

5

tutti

Sic - ut é-rat in prin-ci-pi-o, et nunc, et sem-per,

rall.

et in sǽ-cu-la sæ-cu - lorum. A - men.

a tempo *tutti*

A - sper - ges me, Do - mi - ne, hys-só -

rit. *a tempo*

po, et 'mundá bor: la - vá - bis me,

rall.

et sú - per ni - vem de ' al-bá - bor.

RESPONSES

Celebrant 1	Osténde nóbis, Dómine, misericórdiam	tu -	am.
Choir 1	Et salutáre tuum da	no -	bis.
Celebrant 2	Dómine exáudi oratiónem	mé -	am.
Choir 2	Et clámor meus ad te	vé - ni -	at.

Celebrant 3 Dóminus vobíscum. Choir 3 Et cum Spí-ri-tu tu-o

Celebrant 4 Prayer ending with,

"Per Christum Dóminum nostrum." Choir 4

A-men

6

VIDI AQUAM

288

From Easter Sunday to Pentecost inclusive

Eighth Mode · Celebrant (first time) · 10th Century · Choir

Vi - di a - quam ✻ e - gre -
di - én - tem de tem - plo, _____
a lá - te-re dex - tro. _ Al-le -
lú - ia: et ó - mnes, ad quos per -
vé - nit a - qua i - sta, _____
Sal - vi fa - cti sunt, et di - cent,
al - le-lú - ia, al - le - lú - ia.

7

Chanters *Faster*

p Ps.117. Con-fi - té - mi-ni Dó-mi-no quó-ni- am bo-nus: ✻

Choir *tutti*

mf quó-ni - am in saé-cul-um mi-se-ri-cór - di - a e-jus. *rall.*

Chanters

a tempo Glo-ri - a Pa-tri et Fi-li - o, et Spi-rí - tu -

Choir *tutti*

i San-cto. ✻ Sic - ut e - rat in prin-cí - pi-o, et

nunc, et semper, et in sáe-cu-la sae-cu - ló - rum. A-men.

Chorus repeats from beginning "Vidi Aquam" to *Fine.*

RESPONSES

Cel. 1 ℣. Osténde nobis, Dómine, misericórdiam tuam. Al-le-lú-ia.

Choir 1 ℟. Et salutáre tuum da nobis. - - - - - Al-le-lú-ia

Celebrant 2 ℣. Dómine exáudi oratiónem me-am.

Choir 2 ℟. Et clamor meus ad te ve-niat

Celebrant 3 ℣. - - Dó - mi nus vo - bís - cum.

Choir 3 ℟. Et cum Spí - ri - tu tú - o.

4

Cel. Prayer ending with, Per Christum Dóminum nostrum. Choir 4 A-men.

The Introit Proper to the Feast is sung as the Priest proceeds toward
the feet of Altar.

FOURTH MODE

Ambrosian Chant

CHOIR I

Celebrant

p

Gló - ri - a   in ex - cél - sis Dé - o.   Et in

ter - ra pax ho - mí - ni - bus bo - nae vo - lun - tá - tis.

CHOIR II   I   II

pp

Lau - dá - mus te   Re - ne - di - ci - mus te. Ad - o - rá - mus te.

Tutti   *p*   *mf* I

Glo - ri - fi - cá - mus - te.   Grá - ti - as á - gi - mus ti -

f

bi _____   pró - pter má - gnam

II

gló - ri - am tu - am.   Dó - mi - ne De - us, Rex coe - lé - stis,

9

De-us Pá-ter o-mni-pot-ens. Dó-mi-ne Fi-

Tutti

li u-ni-gé-ni-te, Je-su Chri-ste

II

Dó-mi-ne Dé-us, A-gnus De-i,

I

Fí-li-us Pá-tris. Qui tól-lis pec-cá-ta mún-

di: mi-se-ré-re no-bis.

II

Qui tól-lis pec-cá-ta mún-di

súsci-pe de-pre-ca-ti-ó-nem no-stram.

Qui se-des ad déx-te-ram Pá-tris, mi-se-ré-re

II (or Tutti until the end)

no - bis. Quó-ni-am tu so-lus san-ctus.

I   II

Tu so-lus Dó-mi-nus. Tu so-lus Al-tis-si-mus,

pp Tutti

Je-su Chri-ste.

Broader
Allargando molto

Cum Sán-cto Spi-ri-tu, in gló-ri-a

a tempo

Dé-i Pá-tris. A-men.
Allargando

11

CREDO
I

VATICAN GRADUALE
XI Century
Transcribed by N. A. Montani

Fourth Mode

Celebrant

I Choir

Cre-do in un-um De-um. Pa - trem o-mni-pot-én-tem,

fa - ctó-rem cœ-li et ter - ræ, vi - si - bí - li - um

ó-mni-um,— et— in-vi-si-bí-li - um.

II Et in un-num Dó-mi-num _____ Je-sum Chrí-stum,

Fí - li-um De i u - ni-gé - ni - tum.

I Et ex Pa-tre na-tum an - te ó-mni-a sæ-cu la.

De-um de De - o, lu-men de lú-mi-ne, ____

Dé-um ve-rum de De - o ve - ro.

Gé-ni-tum, non fa-ctum, con-sub-stan-ti-á-lem Pa-tri:

per quem o-mni-a fa-cta sunt. Qui pro-pter nos hó-

mi-nes, et pro-pter no-stram sa-lú tem de-scén-dit de cœ-lis

Et in-car-ná-tus est de Spí-ri-tu San-cto ex Ma-

rí-a Vír-gi - ne: Et ho-mo fa-ctus est.

II *p* *a tempo*

Cru-ci-fí-xus ét-i-am pro no-bis: sub Pón-ti-o

p *pp* *rall.*

Pi-lá-to pas-sus, et se-púl-tus est.

I-II *mf* *a tempo*

Et re-sur-ré-xit tér-ti-a di-e, se-cún-dum

I-II *f*

Scri-ptú-ras. Et a-scén-dit in cœ-lum: se-det

p I

ad déx-te-ram Pa-tris. Et í-te-rum ven-tú-

A

rus est cum gló-ri-a ju-di-cá-re ví-vos,

p *p*

et mór-tu-os: cu-jus re-gni non e-rit-fi-nis.

Et in Spí-ri-tum San-ctum, Dó-mi-num, et vi-vi-fi-cán-tem·

qui ex Pa-tre Fi-li-ó-que pro-cé-dit. Qui cum Pa-tre et

Fí-li - o si-mul ad-o-rá-tur, et con-glo-ri-fi-cá-tur:

qui lo-cú-tus est per Pro-phé-tas. Et u-nam san-ctam ca-thó-li-

cam et a-po-stó-li-cam Ec-clé-si - am. Con-fi-

te-or u-num ba-ptí-sma in re-mis-si-ó-nem pec-ca-tó-rum.

Et ex-spé-cto re-sur-re-cti-ó-nem mortu-ó-rum. Et vi-tam

ven-tú - ri sáe - cu-li. A - - men.

Solesmes
Acc. by N. A. M.

FIRST MODE

Chanters (first time)

Ro - rá - te coé - li dé - su - per, et nú - bes

plú - ant jú - stum. 1. Ne i - ra - scá - ris Dó - mi - ne, ne

Chorus repeats "Rorate" etc.

úl - tra me - mí - ne - ris in - i - qui - tá - tis: ec - ce cí - vi -

tas Sán - cti fá - cta est de - sér - ta Si - on de - sér - ta

mf

fa - cta est: Je - rú - sa - lem de - so - lá - ta est:

do - mus san - cti - fi - ca - ti - ó - nis tú - ae, et

gló - ri - ae tú - ae, u - bi lau - da - vé - runt te

Chanters

rall

pá - tres nó - stri. 2. Pec - cá - vi - mus, et fa - cti su -

Chorus repeats "Rorate" etc.

mus tam-quam im-mún-dus nos, et ce-cí-di-mus

qua-si fó-li-um u-ni-vér-si: et i-ni-qui-

tá-tes no-strae qua-si ven-tus ab-stu-lé-runt nos: ab-

scon-dí-sti fá-ci-em tu-am a no-bis,

et al-li-si-sti nos in ma-nu in-i-qui-

Chanters

rall. a tempo

tá-tis no-strae. 3.Vi-de Dó-mi-ne, af-fli-cti-ó-

Chorus repeats "Rorate" etc.

nem po-pu-li tu-i et mit-te quem mis-

sú-rus es: e-mít-te Á-gnum do-mi-na-tó-rem

17

térrae, de pétra desérti ad montem fíli-áe Sion: ut áuferat ipse jugum ca-pti-vitá-tis no-strae. 4. Con-so-lá-mi-ni, con-so-lá,-mi-ni, pó-pu-le me-us ci-to vé-ni-et sa-lus tu-a: quá-re moe-ró-re con·sú-me-ris, qui-a in-no-vá-vit te do-lor? Sal-vá-bo te, no-li ti-mé-re,— é-go e-nim sum Dó-mi-nus Dé-us tu-us, Sán-ctus Ís-ra-el, red=ém-ptor tu-us.

Chanters

rall

Chorus repeats "Rorate" etc.

p *mf*

rall

Chorus repeats "Rorate" etc.

504

CHRISTMAS
Venite Omnis Creatura

Ambrosian Chant - XI Century Ms.
Acc. by N. A. M.

Chanters

Ve - ní - te o - mnis cre - a - tú - ra ★

Tutti

ad - o - ré - mus Dó - mi - num,

qui il - lú - xit nó - bis:

quem prae - di - ca - vé - runt pro - phé - tæ a Mó - yse

rall　*Fine*

us - que ad Jo - án - nem Ba - ptí - stam.

Chanters
a tempo

℣ Hó - di - e ap - pá - ru - it Chri - stus, De - us
Chorus repeats "Venite" ℞ to ⌢

de De - o, — lú - men de lú - mi - ne.

Resonet In Laudibus

Motet for Two-part, three-part or four-part Chorus

C. Jaspers

Edited and arr. by N. A. M.

Allegro moderato. With spirit

3-Part   Sop. or Ten.

1. Ré - so - net in láu - di - bus, Cum ju - cún - dus pláu - si - bus,
2. Pú - e - ri con - ci - ní - te, Na - to Re - gi psál - li - te,
3. Si - on láu - da Dó - mi - num, Sal - va - tó - rem ó - mni - um
4. Na - tus est Em - mán - u - el, Quem prae - dí - xit Gá - bri - el
5. Ju - da cum can - tó - ri - bus, Grá - de - re de fó - ri - bus,
6. Qui ré - gnat in aé - the - re, Ve - nit o - vem quaé - re - re,

Alto or Bass

Refrain
Joyously
Piu vivo
Ap -

1. Si - on - cum fi - dén - ti - bus, Si - on cum fi - dén - ti - bus, Ap - pá - ru - it, ap -
2. Vo - ce pi - a dí - ci - te, Vo - ce pi - a dí - ci - te, Ap - pá - ru -
3. Vir - go pá - rit Fí - li - um, Vir - go pá - rit Fí - li - um, Ap - pá - ru -
4. Tes - tis est E - zé - chi - el Tes - tis est E - zé - chi - el, Ap - pá - ru -
5. Et dic cum pas - tó - ri - bus, Et dic cum pas - tó - ri - bus, Ap - pá - ru -
6. No - lens e - am pér - de - re, No - lens e - am pér - de - re. Ap - pá - ru -

1-6. pá - ru - it, ap - pá - ru - it, quem gé - nu - it, Ma - ri - a.
ff   *rit.*

1-6. pá - ru - it, ap - pá - ru - it, quem gé - nu - it, Ma - ri - a.

1-6. it, ap - pá - ru - it, quem gé - nu - it, Ma - ri - a.
rit.

ff

Dies Est Laetitia

For Unison, 2-part or 3-part Cho.
S.S.A. or T.T.B.

294

Traditional Melody
Arr. by N. A. M.

Con Anima

1. Di - es est lae - tí - ti - a, In or - tu re - gá - li, Nam pro - cés - sit
2. In ob - scu - ro ná - sci - tur Il - lu - strá - tor so - lis, Stá - bu - lo re -
3. Chri - ste, qui nos pró - pri - is Ma - ni - bus fe - cí - sti, Et pro no - bis

1. hó - di - e Clau - stro vir - gi - na - li, Pu - er ad - mi - rá - bi - lis,
2. pó - ni - tur Prin - ceps ter - rae mo - lis; Fa - sci - á - tur dé - xte - ra
3. ím - pro - bis Na - sci vo - lu - í - ste: Te de - vó - te pó - sci - mus;

1. Vul - tu de - le - ctá - bi - lis, In hu - ma - ni - tá - te; Qui in - ae - sti -
2. Quae af - fí - xit sí - de - ra, Dum coe - los ex - tén - dit; In - ge - mit va -
3. La - xa, quod pec - cá - vi - mus; Non si - nas pe - rí - re; Post mor - tem nos

Allarg. marc.

1. má - bi - lis Est et in - ef - fá - bi - lis In di - vi - ni - tá - te.
2. gí - ti - bus, Qui to - nat in nú - bi - bus, Dum fulgur de - scén - dit.
3. mí - se - ros, Sed te - cum ad sú - pe - ros Jú - be - as ve - ní - re.

Adeste Fideles*

295

For 3-part Chorus S.S.A. or T.T.B.

Trditional Melody
Arr. by N.A.M.

Moderato

1. Ad - é - ste fi - dé - les, lae - ti, tri - um -
2. De - um de De - o lu - men de
3. Can - tet nunc i - o, Cho - rus An - ge -

1. phán - tes: Ve - ní - te, ve - ní - te in Béth - le - hem.
2. lú - mi - ne:___ Ges - tant pu - él - lae___ ví - sce - ra.
3. ló - rum;___ Cán - tet nunc au - la coe - lé - sti - um.

1. Na - tum vi - dé - te Ré - gem An - ge - ló - rum, Ve - ní - te, ad - o - ré - mus, ve -
2. De - um___ Ve - rum Gé - ni - tum, non fa - ctum: Ve - ní - te, ad - o - ré - mus, ve -
3. Gló - ri - a, gló - ri - a in ex - cél - sis De - o: Ve - ní - te, ad - o - ré - mus, ve -

1. ní - te, ad - o - ré - mus, ve - ní - te, ad - o - ré - mus Dó - mi - num.
2. ní - te, ad - o - ré - mus, ve - ní - te, ad - o - ré - mus Dó - mi - num.
3. ní - te, ad - o - ré - mus, ve - ní - te, ad - o - ré - mus Dó - mi - num.

* For Unison or four-part arrangement see No. 158

Jesu Dulcis Memoria

For 3 part Chorus – S.S.A. or T.T.B.
A CAPPELLA

296

Joseph A. Murphy

Andante moderato

Je - su dúl - cis me - mó - ri - a, Dans vé - ra
Nil cá - ni - tur su - á - vi - us, Nil au - dí -

cór - dis gáu - di - a:___ Sed sú - per mel et
tur___ ju - cún - di - us,___ Nil co - gi - tá - tur

sen - ti -
Fi - li -

ó - mni - a, E - jus___ dul - cis præ - sén - ti -
dúl - ci - us, Quam Je - su De - i Fi - li -

A - men,

a. A - men, a - men.
us.

a - men.

23

Attende Domine

Fifth Mode
Chanters 1st time
Choir 2nd time

Gregorian-Solesmes

At - tén-de Dó-mi - ne, et mi - se - ré - re,

qui - a pec - cá - vi - mus ti - bi.

Repeat "Attende," etc.

Chanters

1. Ad te Rex sum-me, ó-mni-um re-dém-ptor,
2. Déx-te-ra Pá-tris, lá-pis an-gu-lá - ris,
3. Ro-gá-mus, De-us, tu-am ma-jes-tá - tem:
4. Ti-bi fa-té-mur, cri-mi-na ad-mis-sa:
5. In-no-cens ca-ptus, nec re-pú-gnans du-ctus,

1. ó-cu-los nó-stros sub-le-vá-mus flen-tes:
2. vi-a sa-lú-tis já-nu-a cœ-lé-stis,
3. áu-ri-bus sa-cris gé-mi-tus ex-aú-di:
4. con-trí-to cor-de pán-di-mus oc-cúl-ta:
5. tés-ti-bus fal-sis, pro ím-piis da-mná-tus:

1. ex-aú-di, Chri-ste, sup-pli-cán-tum pré-ces.*
2. áb-lu-e no-stri má-cu-las de-lí-cti.
3. crí-mi-na no-stra plá-ci-dus in-dúl-ge.
4. tú-a Re-dém-ptor, pí-e-tas i-gnó-scat.
5. quos red-e-mí-sti, tu con-sér-va, Chri-ste.

*"Attende" etc. repeated after each verse.

FOR LENT OR GENERAL USE

O Bone Jesu

298

For three-part chorus of equal voices: S. S. A. or T. T. B.

A cappella

G. P. da PALESTRINA

Ed. & Arr. by NICOLA A. MONTANI

May be transposed one half tone higher

★ Small notes to be taken only if the choral resources permit.

25

Vere Languores Nostros 299

For 3-part Chorus S.S.A. or T.T.B. a cappella

A. Lotti, ✝ 1740
Arr. by N. A. M.

Ve - re-lan-guo - res no - stros, ve-

Adagio

Ve - re - lan-guo-res no - stros, ve-

re lan-guo-res no - - - stros

re lan-guo - res no - stros i - pse, i-pse

languóres

tu - lit, lan-guo-res, lan-guo-res no - stros, i-pse

tu-lit, lan-guo-res no-stros, i-pse tu - lit, et do-lo - res no-stros, do-lo - res no - stros,

do-lo-res no-stros, do-lo-res no - stros,

i-pse por - ta-vit, i -pse por - ta-vit, et do-

lo - res no - stros, i-pse por-ta - - -

- - - vit, i-pse por - ta - - - vit.

Ingrediente Domino 300

For Unison, two, or four-part Chorus

S. A. T. B.

Nicola A. Montani

Moderato

1. In - gre - di - én - te Dó - mi - no in
2. Cum - que au - dís - set pó - pu - lus, quod

san - ctam ci - vi - tá - tem, He - brǽ - ó - rum
Je - sus ve - ní - ret, Je - ro -

pú - e - ri, re - sur - re - cti - ó - nem
só - ly - mam, ex - i -

vi - tae pro - nun - ti - án - tes. __
é - runt ób - vi - am e - i.

Cum rám - is pal - má - rum, Ho - sán - na cla -
Cum rám - is pal - má - rum, Ho - sán - na cla -

má - bant in ex - cél - sis, __ in - ex - cél - sis.

Jesu, Salvator Mundi

301

Motet for three-part Chorus
S. S. A. or T. T. B.
a cappella

Menegali-Montani

Slowly ♩ = 46

Je - su, Sal - vá - tor mun - di, tu - is fá - mu - lis

gradually increase volume
crescendo poco a poco

súb - ve - ni, quos pre - ti - ó - so sán - gui - ne,

Allargando

quos pre - ti - ó - so san - gui - ne red - e - mí - sti.

EASTERTIDE
Regina coeli
302

For Unison 2-part or 4-part Chorus

Moderato con anima   Melchiorre Mauro-Cottone

Chanters (Soprano or Tenor)   Edited and arr. by N.A.M.

Re - gi - na coe - li, Re - gi - na coe - li

Chorus Piu Vivo ♩= 112

lae - tá - re. Al - le - lu - ia, Al - le -

lu - ia, Al - le - lu - ia.

Unison or Semi Chorus S. and A. or T. and B.

Qui - a quem me - ru - í - sti,

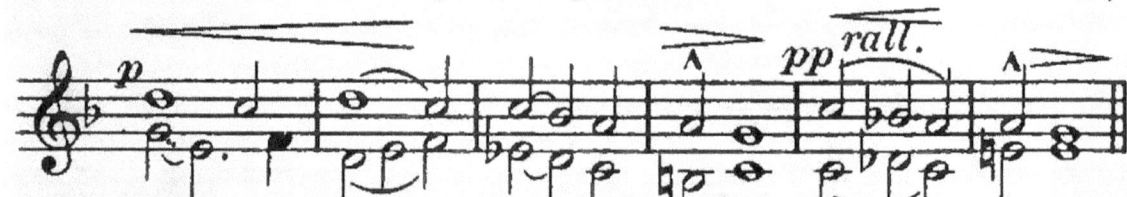

Qui-a quem me - ru - í - sti,

qui - a quem me-ru - i-sti por - ta-re.

Chorus *Allegro moderato* (♩= 112)

Al-le-lu - ia, Al-le-lu-ia, Al-le-lu - ia.

Poco piu lento Unison or Semi-Chorus
S. and A. or T. and B.

Re - sur - re - xit,
Re-sur-re-xit, sic - ut di - xit, Re-sur-
re-xit sic - ut___ di-xit, sic-ut di - xit.

piu piano

Chorus *Allegro moderato* ($\dotted{} = 112$)
rall.
Al-le - lu - ia, Al-le - lu - ia, Al-le - lu - ia.___

($\dotted{} = 76$) Unison, two-part or semi-chorus ad lib.
Andante religioso
A Cappella
De - um
O - ra pro no - bis De - um, o - ra pro

Organ ad lib.
no - bis De - um.

Choir
rall. assai
O - ra, o-ra pro no - bis De - um.

Chorus *Allegro* ($\dotted{} = 112$)
Al-le - lu - ia, Al-le - lu - ia, Al-le - lu - ia.___

Juravit Dominus
Tu es Sacerdos in Aeternum

Motet for Ordination — First Mass or Sacerdotal Jubilee

Andante maestoso　　　　　　　　　Nicola A. Montani

Ju-rá-vit Dó-mi-nus, ju-rá-vit Dó-mi-nus, et non poe-ni-té-bit e-um, ét non poe-ni-té-bit e-um.

Largo maestoso

Tu es Sa-cér-dos in aē-tér-num, Tu es Sa-cer-dos in

Poco piu vivo

aē-tér-num, se-cún-dum ór-di-nem Mel-chi-se-

Tempo I

dech, se-cún-dum ór-di-nem Mel-chi-se-dech. Tu es Sa-

accel.

cér-dos in aē-tér-num, secúndum órdinem Mel-chi-se

Allarg.

dech.　se-cún-dum órdinem Mel-chí-se-dech.

*Al-le-lú-iă, Al-le-lú-ia.

* In Eastertide insert Alleluia in place of Secundum etc.

304 Tu es Sacerdos

For Unison, Two-part (S. A. or T. B.) or 3-part Chorus
Equal Voices (S.S.A. or T.T.B.) Aloys Desmet
Edited by N. A. M.

Allegro

Organ Introduction (ad lib.)

Chorus

Tu es Sa-cér-dos   in__ ae tér - num se-cún-dum

Tu es Sa-cér-dos   in__ ae - tér - num, se-cún-dum

Mel-chí - se-dech

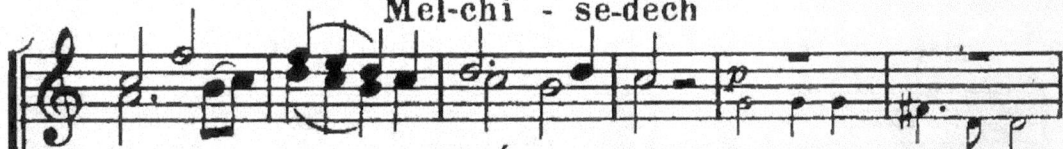

ór - di - nem Mel-chí-se-dech, Ju-rá-vit Dó-mi-nus,

ór-di - nem Mel-chí-se-dech, Ju-rá-vit Dó-mi-nus,

Ju - ra-vit, ju - rá-vit Do - mi-nus.

Ju-rá-vit Dóminus, Ju-rá-vit, ju-rá-vit Dó - mi-nus.

Ju - rá - vit   Dó - mi - nus.

et non poe-ni - té - bit e -
mf
mf
et non poe-ni - té-bit e -
mf
et non poe-ni -
um,
um, et non poe-ni - té - bit e - -
te - bit, et non poe-ni - té - bit e - -
Et non poe-ni - té - bit
p
um, et non poe - ni - té - bit
p
um, et non poe - ni - té - bit
e - um.
Organ Interlude
e - um.
e - um.

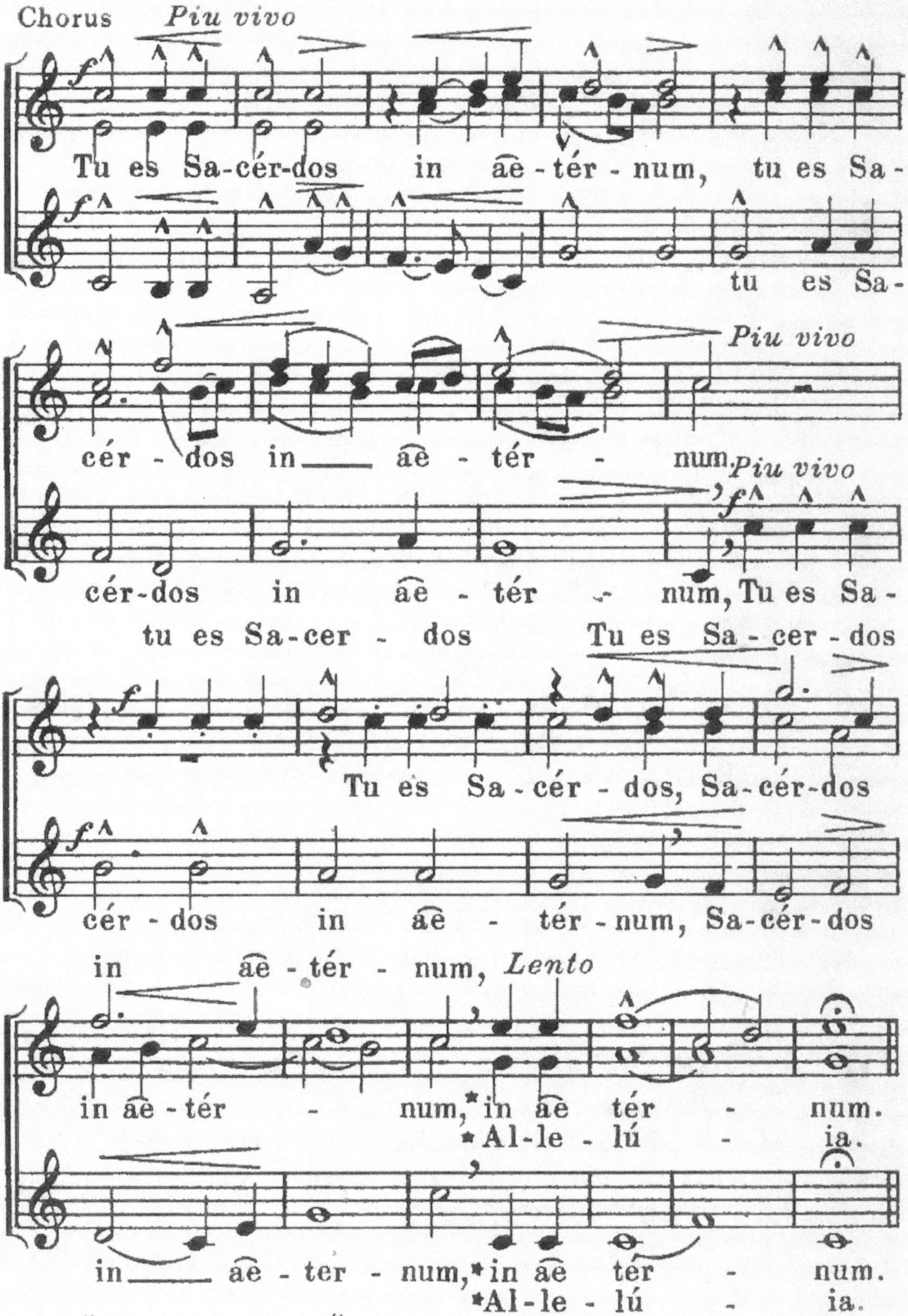

* Sing "Alleluia" in place of "in aeternum" in Eastertide.

PONTIFICAL CEREMONIES
MUSICAL PROGRAM FOR THE CONSECRATION
OF A BISHOP

ORGAN PRELUDE

1. PROCESSIONAL—Ecce Sacerdos (**246**) or Sacerdos et Pontifex (**244**)
2. Presentation etc.
3. INTROIT - KYRIE - GLORIA - GRADUALE (TRACT OR SEQUENCE)

CONSECRATION CEREMONIES

LITANY OF THE SAINTS (224) To "Ut ómnibus Fidélibus" etc. After the insertion of three Invocations the Litany is resumed.

4. RESPONSES TO THE **PREFACE** (FERIAL TONE) (**259-8**)
5. VENI CREATOR (**199**)
6. UNGUENTUM IN CAPITE (**305-a**) ECCE QUAM BONUM (**305-b**) UNGUENTUM.
7. ALLELUIA (or the last verse of Tract or Sequence) **DEO GRATIAS** (or BENEDICAMUS DOMINO). RESPONSES TO THE PONTIFICAL BLESSING (**259-11**)
8. TE DEUM (**264**)—"FIRMETUR" (**305-c**)
9. VERSICLES AND PRAYER ("DOMINE EXAUDI" etc. *Et. Clámor méus ad te véniat* V. DOMINUS VOBISCUM R. *Et cum Spiritu Tuo)*
10. PONTIFICAL BLESSING (**259-11**) RESPONSES by the Choir as indicated.
11. AD MULTOS ANNOS (NO RESPONSE).
12. CHRISTUS VINCIT (**310**) FAITH OF OUR FATHERS (**126**) or HOLY GOD (**39**). RECESSIONAL.

305a Unguentum In Capite

1st time intoned by the Consecrator (unaccompanied)
2nd time (after the Ps. "Ecce") sung by Chorus accompanied .(ad lib.)

Gregorian
Acc. by N. A. M.

Un-guén-tum in cá - pi - te,* quod de-scén - dit in bár - bam, bár - bam __ Á - a - ron, quod de - scén - dit in ó - ram ves - ti - mén - ti e - jus: man-dá-vit Dó - mi-nus be-ne-di-cti-ó - nem in __ saé-cu - lum.

rall.

Proceed to Psalm "Ecce quam bonum"

Ecce Quam Bonum 305b
Psalm 132

FOURTH PSALM TONE

to B

A

To

1. Ec-ce   quam bó-num et | quam ju- cún - dum *(1-B)*
2.   Sicut unguén - | tum in cá - pi - te *(2-B)*
3.   Quod descéndit
        in oram vesti-| mén- ti e - jus *(3-B)*
4.   Quóniam íllic
        mandávit Dó-
        minus bene-| dí - cti- ó - nem *(4-B)*
5.   Glória Pá - | tri, et Fí- li - o, *(5-B)*
6.   Sicut érat in
        princípio, et | nunc, et sém - per, *(6-B)*

B

To

1. habitáre | fra- tres in u - num. *(2-A)*
2. quód descéndit
        in bárbam, | bár- bam Á - a - ron. *(3-A)*
3. Sicut ros hérmon,
        qui descéndit | in mon- tem Si - on: *(4-A)*
4. Et vitam_____ | ús- que in saé- cu - lum: *(5-A)*
5. Et Spi - - | ri- tu - i San - cto. *(6-A)*
6. Et in saécula saé- | cu- ló - rum. A - men.

Repeat Antiphon "Unquentum"
(305-a)

★ To be sung only for the dactylic form as indicated.

305c Firmetur Manus Tua

1st time Consecrator sings (unaccompanied)

Acc. by N.A.M.

Chorus

Fir - mé - tur ma-nus tu - a,*___ et ex-

al - té - tur déx - te - ra tú - a: jus - tí -

- ti - a et ju - dí - ci - um prae - pa - rá - ti -

rit. Fine. Piu vivo

o se - dis tu - a. Glo-ri-a Pa-tri, et Fí-li-o,

et Spi - rí - tu - i Sán - cto, Sic - ut é - rat

in prin - cí - pi - o, et nunc, et sem - per,

et in sáe - cu - la sáe - cu - ló - rum, A - men.

Repeat "Firmetur" to

PONTIFICAL CEREMONIES

MUSICAL PROGRAM FOR THE INSTALLATION
OF A BISHOP

1. Organ Prelude (Ad libitum)

2. Processional "**Ecce Sacerdos**" (**246**) or "**Sacerdos et Pontifex**" (**244**).

3. Here the Bulls are usually read.

4. The "**Te Deum**" follows (**No. 264**).

5. The administrator sings the versicles "**Protector noster.**" etc. (**No. 244**). The Choir responds "**Et respice,**" etc. **Amen** at the end of the prayer. The Bishop is enthroned.

6. Here the clergy make their obedience. The Organ plays or motets are sung.

7. The Antiphon versicle and response of the titular of the Church are sung by the Choir, to which the prayer (Oration) is added by the newly installed Bishop. (Antiphon, etc., from Lauds if in the morning, otherwise from 1st Vespers). (See **Ordo** and consult with the pastor and Master of Ceremonies). Chant is given in "**Antiphonale Romanum**" or the "**Liber Usualis.**"

8. Pontifical Blessing **No. 259-11.**

8. Solemn Mass usually follows. See Liber Usualis or the Graduale for the Proper of the day.

9. **Recessional**—"Christus Vincit" (**No. 310**) or similar appropriate Motet may be sung at the close of the Ceremony.

10. Organ Postlude (ad libitum).

307

PONTIFICAL CEREMONIES
PROGRAM FOR THE CHOIR AT THE VISITATION
OF A BISHOP

(Where the complete Ceremony is carried out)

1. Responsory **"Ecce Sacerdos" (246)** or **Sacerdos et Pontifex (244)**. (The **Te Deum** is not sung.)
2. The Versicles and responses **"Protector noster."** etc. **(244)** are sung.
(N.B.) The Antiphon, versicle, etc. of the titular of the Church is not prescribed, thus the Pontifical blessing, **"Sit nomen Domini,"** etc. **(259-11)** will follow the Oration after the versicles.
3. Mass may be celebrated.
After the Sermon, another blessing is given.
4. Responses to the Blessing (Pronounced by the Bishop on this Occasion).
BISHOP: *Précibus et méritis beátae Mariae semper Virginis, beáti Micháelis Archángeli, beáti Ioánnis Baptistae, Sánctorum Apostolórum Pétri et Páuli et ómnium Sanctórum, misereátur véstri omnipotens Déus, et dimissis peccátis véstris, perdúcat vos ad vítam aetérnam.*
CHOIR—**R. Amen.**
V. Indulgéntiam, absolutiónem et remissiónem peccatórum vestrórum tribuat vóbis omnipotens et misericors Dominus.
R. Amen.
The Bishop continues:
Et benedíctio Dei omnipoténtis Pátris †. et Fílii † et Spíritus † Sáncti descéndat súper vos et máneat semper.
R. Amen.
5. ABSOLUTION FOR THE DEAD. (After the Mass.)
The **"De Profundis"** is recited by the Bishop and clergy with the **"Kyrie eleison, Christe eleison."** etc. as given for the Absolution (See page 519).
(If there is no Cemetery attached to the Church the following ceremonies are carried out in the Church:)
During the Procession to the Cemetery or to the Catafalque the Ant: **"Qui Lazarum" (No. 308)** is sung in its entirety. On arrival at the cemetery (or at the Catafalque in the center of the Church) the **"Libera me Domine"** is sung. All the responses are sung as indicated after the **"Libera"** Page 519 (plural form). After the Bishop has sprinkled and incensed, the choir chants **"Kyrie eleison,"** etc., to which the Bishop adds the versicles and prayers, and **Requiem aeternam.** etc. The Chanters sing: **Requiescant in pace. R. Amen.** See Note below.
The visitation of the Church follows. Then, Confirmation, if it is to be given. Benediction of the Most Blessed Sacrament concludes the Function. (See program for Confirmation **No. 247**).
NOTE: For the Visitation add after the response
"Sed libera nos a malo" (p. 519)
V. **In memoria aetérna erunt justi.**
R. **Ab auditióne mala non timébunt.**

Qui Lazarum

For Unison or two-part Chorus (S. A. or T. B.)

Andante (not too slow)

Nicola A. Montani

Qui Lá-za-rum re-su-sci-tá - sti,

mo-nu-mén - to fóé - ti-dum:

a mo-nu-mén-to fóé - ti - dum:

Piu vivo *Calmo*

Tu e - is, Dó-mi - ne do - na ré-qui - em

rall. *Fine.*

et lo-cum in-dul - gén - ti - ae.

a tempo

V. Qui ven-tú-rus es ju-di-cá - re ví - vos et

Calando allarg.

mór-tu-os, et saé-cu - lum per í - gnem.

Repeat from sign ✠ *"Tu eis", to Fine*

309 Veni Creator Spiritus

For two-part, 3 or 4 part Chorus

D. Thermignon
Edited and arr. by N. A. M.

Andante moderato

1. Ve - ni Cre - á - tor Spí - ri - tus,
2. Qui dí - ce - ris Pa - rá - cli - tus,
3. Tu sep - ti - fór - mis mú - ne - re,
4. Ac - cen - de lu - men sén - si - bus
5. Hos - tem re - pel - las lón - gi - us
6. Per te sci - a - mus da Pá - trem,
7 (a) Dé - o —— Pá - tri sit glo - ri - a,
7 (b) Dé - o —— Pá - tri sit glo - ri - a,

1. Men - tes tu - ó - rum ví - si ta:
2. Al - tis - si - mi do - num De - i,
3. Dí - gi - tus Pa - tér - nae déx - te - rae,
4. In - fún - de a - mó - rem cór - di - bus,
5. Pa cém - que do - nes pró - ti - nus:
6. No - scá - mus at - que Fi - li - um,
7 (a) Et Fi - li - o qui - a mór - tu - is
7 (b) E - jus - que so - li Fí - li - o.

1. Im - ple su - pér - na gra - ti a, Quae
2. Fons vi - vus, i - gnis ca - ri - tas, Et
3. Tu ri - te pro - mis - sum Patris, Ser-
4. In - fír - ma no - stri cor - po - ris Vir-
5. Duc - tó - re sic te prae - vi - o Vi-
6. Te - que u - tri - ús - que Spi - ri - tum Cre-
7 (a) Sur - réx it, ac Pa - rá - cli - to, In
7 (b) Cum Spí - ri - tu Pa - rá - cli - to Nunc

1. tu___ cre - á - sti pé - cto - ra.
2. spi - ri - ta - lis ún - cti - o.
3. mó - ne___ di - tans gút - tu - ra.
4. tú - te fir - mans pér - pe - ti.
5. té - mus ó - mne nó - xi - um.
6. dá - mus ó - mni tém - po - re.
7 (a) sae - cu - ló - rum sae - cu - la.
7 (b) et per o - mne sae - cu - lum

8. A - men, A - men.

A - men, A - men.

44

310 Christus Vincit! Christus Regnat!
Christus Imperat!

Acclamations as sung in Rome on the occasion of the Election and the Coronation of Pope Pius XII and as rendered at Solemn Functions; at the Reception of Archbishops or Bishops. Also for Jubilees, Te Deums or other Festival occasions.

Arranged by
Nicola A. Montani

For Unison, two, three or four-part Chorus
Chanters sing 8 meas. Cho. repeats.

Chanters
Chant (free rhythm)

Pi - o   sum-mo Pon-tí-fi-ci, et u-ni-ver-
Le-ó - ne   sum-mo "
Be-ne - dí-cte sum-mo "

sá-li Pá-tri; Pax vi-ta, et sa-lus per-pé-tu-a.

Refrain *Maestoso*
Tutti

Chri-stus Vin - cit! Chri-stus Re - gnat!

Chri-stus Vin - cit! Chri-stus Re - gnat!

Chri - stus,   Chri - stus Im - pe - rat!

Chri - stus,   Chri - stus Im - pe - rat!

Chanters Solo voices

*Insert Name of Cardinal, Archbishop, Bishop or Abbot

*Thó - mae, Re-ver-en-dís-si-mo Ar-chi-e-pí-sco-po,
*Jo - an - ni, Re-ver-en-dís-si - mo E-pí-sco-po,
*Gu-gliél-mo, Re-ver-en-dís-si - mo Ab-bá - te,
*Moy - se,

This can be omitted at will

et ó-mni cle-ro e-i com-mí-so: pax vi-ta,

Maestoso

et sá-lus per-pé-tu-a.

I
II
III

Chri-stus Vin-cit!

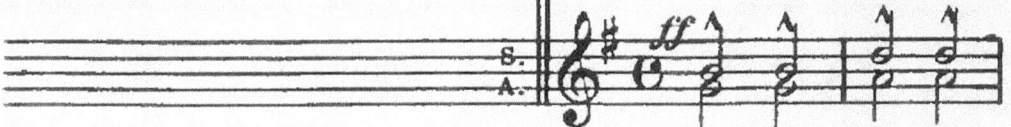

S.
A.

Chri-stus Vin-cit!

I
II
III

Chri-stus Re-gnat! Chri-stus, Chri-stus Im - pe-rat!

S.
A.

Chri-stus Re-gnat! Chri-stus, Chri-stus Im - pe-rat!

Chanters (Solo voices)

Tém-po-ra bo-na vé - ni - ant, pax Chrí-sti

vé - ni - at, __ Re-gnum Chri-sti vé - ni - at!

Best effect when sung in Unison

Tutti

I II III

Chri - stus Vin - cit! Chri - stus Re - gnat!

S. A.

Chri - stus Vin - cit! Chri - stus Re - gnat!

I II III

Chri - stus, Chri - stus Im - pe - rat!

S. A.

Chri - stus, Chri - stus Im - pe - rat!

311 Cantate Domino Canticum Novum

For Unison, Two, Three or Four-part Chorus

Psalm 95

Vincent d'Indy
Edited and arr. by N. A. Montani

Allegro moderato (with spirit)

SOP. I
SOP. II or Alto in 4 pt. Chorus

Can - tá - te Dó - mi - no cán - ti - cum no - vum: Can -

★ **ALTO**

Can - tá - te Dó - mi - no cán - ti - cum no - vum: Can -

★ Alto when sung by 3 part chorus S.S.A.

tá - te Dó - mi - no ó - mnis ter - ra.

tá - te Dó - mi - no o - mnis ter - ra.

(Chanters) Soprano or Tenor or Semi - Chorus

Slower

rall.

Quó - ni - am ma - gnus Dó - mi - nus et lau - dá - bi - lis ni - mis.

Tempo I
Tutti

Can - tá - te Dó-mi-no cán-ti-cum no-vum, Cán-ta-te

Can - tá - te Dó-mi-no cán-ti-cum no-vum, Cán-ta-te

Dó-mi - no o - mnis ter - ra.

Organ

Dó-mi-no o - mnis ter - ra.

Chanters (Alto or Bass)
slower   Allargando   Organ

Quo-ni-am ter-rí-bi-lis est su-per-o-mnes de - os.

50

An-nun-ti - á - te   in - ter - gen-tes,

An-nun-ti - á - te   in - ter -

gló-ri-am e - jus, gló - ri-am e - jus.

gen-tes, gló-ri-am e - jus, gló-ri-am e - jus.

Chanters (Soprano or Tenor)
Piu lento   *molto rit.*   *Tempo I*

Dó-mi-nus áu-tem coelos fecit.   Can-tá-te Dó-mi-no

Organ

Can-tá-te Dó-mi-no

poco rit. *a tempo*

cánticum novum, Cantáte Dó-mi-no, o - mnis ter - ra. A-men.

poco rit. *a tempo*

cánticum novum, Cantáte Dó-mi-no, o - mnis ter - ra. A-men.

51

Ave Maria

For three-part Chorus of Equal Voices
S.S.A. or T.T.B.

Nicola A. Montani

System 1 (lyrics): Be - ne - di - cta tu__ in mu - li - e - ri-

System 1, voice 2: Be - ne - di - cta tu__ in

System 1, voice 3: Be - ne - di - cta tu__ in

System 2, voice 1: bus:__ et be - ne - di - ctus

System 2, voice 2: mu - li - e - ri - bus: et be - ne - di - ctus__

System 2, voice 3: mu - li - e - ri - bus: et be ne di ctus__

allarg.

Adagio sotto voce
pp

System 3, voice 1: fru - ctus ven - tris tu - i, Je -

sotto voce
pp

System 3, voice 2: fru - ctus ven - tris tu - i, Je -

sotto voce
pp

System 3, voice 3: fru - ctus ven - tris tu - i,__ Je -

53

sus. San-cta Ma-ri - a, _____

sus. San-cta Ma-ri - a, san-cta Ma-ri -

sus. San-cta Ma-ri - a, san-cta Ma-ri -

Ma-ter De - i, _____ o - ra pro

a, Ma-ter De-i, o - ra pro

a, Ma ter De i, o - ra pro

no - bis pec-ca-to-ri - bus, _____

no - bis pec-ca-to-ri - bus, _____

no - bis pec-ca-to-ri - bus, _____

nunc et in ho - ra mor - tis

nunc et in ho - ra — mor - tis

nunc et in ho - ra mor - tis

no - stræ. A - - men,

no - stræ. A - - men,

no - stræ. A - - men,

A - - men.

A - - men.

A - - men.

Organ.

Largo

* The portion between the signs $ may be omitted or used as an organ interlude.

55

Ave Maria

For 2 or 4 part Chorus S.A. or T.B. or S.A.T.B.

L. Bottazzo
Adapted and Arr. by N.A.M.

Andante moderato

A - ve Ma - ri - a, gra - ti - a ple - na,

Do - mi - nus, Do - mi - nus te - cum: Be - ne -

di - cta tu in mu - li - e - ri - bus, et be - ne -

di - ctus fru - ctus ven - tris tu - i Je - sus.

di - ctus fru - ctus ven - tris tu - i, Je - sus.

Piu vivo

San - cta Ma - ri - a, Ma - ter

De - i, O - ra, o - ra pro no - bis pec - ca -

to - ri - bus, nunc, et in ho - ra mor - tis

A - men, A - men.

no - strae. A - men, A - men.

314 Ave Maris Stella

For Unison or four-part Chorus

Petrus Damiani, ✝1072
Arr. by N.A.M.

Andante moderato

1. A - ve ma-ris stel - la, De-i Ma-ter al - ma, At-que
2. Su-mens il-lud A - ve Ga-bri-é-lis o - re; Fun-da
3. Sol-ve vin-cla re - is Pro-fer lu-men cae-cis Ma-la
4. Mon-stra te es-se ma-trem; Su-mat per te pre-ces, Qui pro
5. Vir-go sin-gu-lá - ris, In-ter o-mnis mi-tis, Nos cúl-

Refrain faster

1. sem-per Vir - go, Fe-lix coe-li por - ta.
2. nos in pa - ce, Mu-tans He-vae no - men.
3. no-stra pel - le, Bo-na cun-cta po - sce. } Te de-pre-cá-mur
4. no - bis na - tus, Tu lit es-se tu - us.
5. pis so - lú - tos, Mi-tes fac et cas-tos.

Tutti rall.

au-di nos; et Fí-li-o commén-da nos, O Vir-go Ma-rí - a!

6.	7.
Vitam praesta puram,	Sit laus Deo Patri,
Iter para tutum,	Summo Christo decus,
Ut vidéntes Jesum,	Spirítui Sancto,
Semper collaetémur.	Tribus honor unus.
Ref. Te deprecámur, etc.	Ref. Te deprecámur, etc.

Jesu Deus, Amor Meus 315

Traditional Melody
Arr. by N.A.M.

Adagio

TEN. I & II

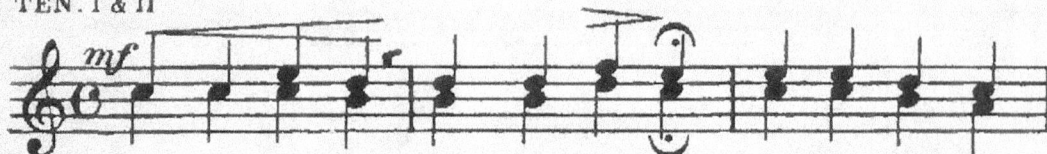

1. Je - su De - us, a - mor me - us, cor - dis ae - stum
2. Cre - do, Je - su quod re - vé - las O ae - tér - na
3. Spe - ro, Je - su quam lar - gí - ris pec - ca - tó - rum
4. A - mo Je - su bo - ni - tá - tem Tu - am su - per
5. Je - su De - us cor - dis me - i, Me - a vo - ta

1. im - pri - me, U - rat i - gnis, u - rat a - mor,
2. ve - ri - tas! Ju - va men - tem con - fi - ten - tem,
3. ve - ni - am, spi - ro vi - tae, quam par - ti - ris,
4. ó - mni - a, cun - cta há - bent va - ni - tá - tem,
5. re - spi - ce cre - do, spé - ro, a - mo Je - sum,

1. cor - di flam - mam sub - ji - ce, cor - di flam - mam súb - ji - ce!
2. tu - ta est si ád - ju - vas, tu - ta est, si ád - ju - vas!
3. sem - pi - tér - nae gló - ri - am, sem - pi - tér - nae gló - ri - am!
4. Prae te spér - no ré - li - qua: Prae te spér - no ré - li - qua.
5. A - mo su - per ó - mni - a, A - mo su - per ó - mni - a.

316

O Deus, Ego Amo Te

For Unison, two, three, or four-part Chorus

Andante religioso

XVIII Cent. Melody
Revised and arr. by N. A. M.

For 2 part Chorus

1. O De-us, e-go a - mo te,___ Nec a-mo
2. Ex crucis li-gno ger - mi - nat, Qui pec-tus

For 3 part Chorus

1. O De-us, e-go a-mo te
2. Ex cru-cis li-gno ger-mi-nat,

te ut sal-ves me, Nec quod qui te___ non di-li -
a - mor oc-cu - pat, Ex pan-sis un - de bra-chi-

per-e - unt.
ar - ri - pes.

gunt,___ Ae-ter-no i-gne per - e - unt.
is, Ad te a - man-dum ar - ri - pes.

Ecce Panis Angelorum 317

BONE PASTOR

G.B. Polleri
Arr. by N.A.M.

Andante religioso

Ec-ce pa-nis An-ge-lo-rum, Ec-ce pa-nis An-ge-

lo-rum, Fa-ctus ci-bus vi-a-to-rum, fa-ctus ci-bus

vi-a-to-rum; Ve-re pa-nis fi-li-o-rum, Non mit-

ten-dus ca-ni-bus. ___ Bo-ne pa-stor, pa-nis

ve-re, Bo-ne pa-stor, pa-nis ve-re, Je-su, no-stri

mi-se-re-re, Tu nos pa-sce, nos tu-e-re

mi-se-re-re, Tu nos pa-sce, nos tu-e-re; Tu nos

bo-na fac vi-de-re, In ter-ra vi-ven-ti-um. A-men.

318

Panis Angelicus

For three-part Chorus equal voices
(S. S. A. or T.-T. B.)
A Cappella

(C. Casciolini?)
Jacopo Tomadini, 1820-1883
Arranged by N. A. Montani

1. Pa - nis an - gé - li - cus fit pa - nis
2. Te tri - na Dé - i - tas u - ná - que

hó - mi - num, fit pa - nis hó - mi - num; Dat pa - nis
pó - sci - mus, u - ná - que pó - sci - mus, Sic nos tu

cóe - li - cus fi - gú - ris tér - mi - num, fi - gú - ris
ví - si - ta, si - cut te có - li - mus, si - cut te

términum: O res mirábilis! O res mi-
cólimus: Per tuas sémitas, per tuas

rábilis! mandúcat Dóminum, mandúcat
sémitas duc nos quo téndimus, duc nos quo

Dóminum pauper, servus, pauper, servus, et
téndimus, Ad— lucem, ad lucem quam— in-

húmilis, et húmilis, et húmilis. A-men.
hábitas, in hábitas, quam in— hábitas.

★ Interpolated

62

319   Panem Vivum

For Unison, two, three, or four-part Chorus

Slowly (Unison or 2-part Chorus)

Arr. by N. A. M.

Panem vivum qui de coelo descendit Christum Dóminum, venite, venite, adorémus.

Three-part alternate arrangement (a cappella)(B)

1. Panem vivum qui de coelo descendit Christum Dóminum, venite, venite, adorémus.
2. Christum Regem qui nos su - o re - démit Sancta Sangui - ne venite, venite, adorémus.

O Sacrum Convivium 320

D. L. Perosi

Andante

O sá - crum con-vi-ví - um in quo

Chri-stus sú - mi-tur; re-có-li - tur me-mó-ri -

a pas-si-ó - nis e - jus: mens im-

plé - tur grá - ti - a, et fu-tú-rae gló-ri-

ae no - bis pi - gnus da - tur, da -

Eastertide and Corpus Christi only (T. P.)

pp Calmo   Fine. For the Year

tur. *Al - le - lu - ia, Al-le-lu - ia.   tur.

* Alleluia omitted during Lent.

64

321

Tantum Ergo-A

For Three-part Chorus Equal Voices
S.S.A. or T.T.B.

D. L. Perosi
Arr. by N. A. Montani

1. Tán - tum er - go Sa - cra - mén - tum Ve - ne -
2. Gè - ni - tò - ri, Ge - ni - tó - que Laus et

re - mur cér - nu - i: Et an - tí - quum do - cu - mén - tum
ju - bi - lá - ti - o: Sá - lus, hó - nor, vír - tus quó - que

No - vo ce - dat rí - tu - i:___ Prae - stet fi - des sup - ple -
Sit et be - ne - dí - ctí - o:___ Pro - ce - dén - ti ab u -

mén - tum Sén - su - um de - fé - ctu - i. A - men.
tré - que Com - par sit lau - dá - ti - o.

Tantum Ergo-B

D. L. Perosi

Sostenuto

1. Tán-tum er-go Sa - cra - mén-tum Ve - ne-
2. Ge - ni - tó - ri, Ge - ni - tó - que Laus et

re - mur cér - nu - i: Et an - tí-quum
ju - bi - lá - ti - o: Sá - lus, hó - nor,

Allarg. molto

do - cu - mén - tum No-vo ce - dat rí - tu -
vír-tus quó - que Sit et be - ne - dí - cti -

a tempo

i: Práe-stet fi - des sup - ple - mén - tum.
o: Pro - ce - dén - ti ab u - tró - que

Largo

Sén - su - um de - fé - ctu - i. A - men.
Com - par sit lau - dá - ti - o.

323 **Tantum Ergo**

CHORALE

Nicola A. Montani

3rd Mode

Moderato

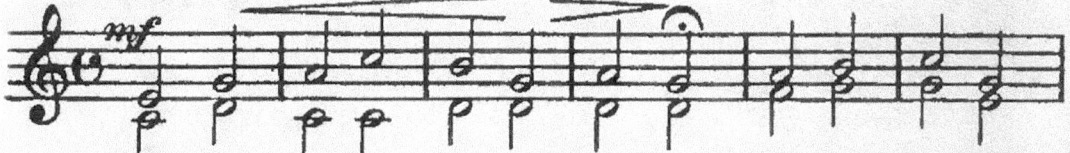

1. Tan-tum er-go Sa-cra-men-tum Ve-ne-re-mur
2. Ge-ni-to-ri, Ge-ni-to-que Laus et ju-bi-

cer-nu-i: Et an-ti-quum do-cu-men-tum
la-ti-o: Sa-lus, ho-nor, vir-tus quo-que

No-vo ce-dat ri-tu-i: Præ-stet fi-des
Sit et be-ne-di-cti-o: Pro-ce-den-ti

Sup-ple-men-tum Sen-su-um de-fe-ctu-i.
ab u-tro-que Com-par sit lau-da-ti-o.

Organ Interlude ad libitum

A - men.

Tantum Ergo

E. M. Sullivan

Andante religioso

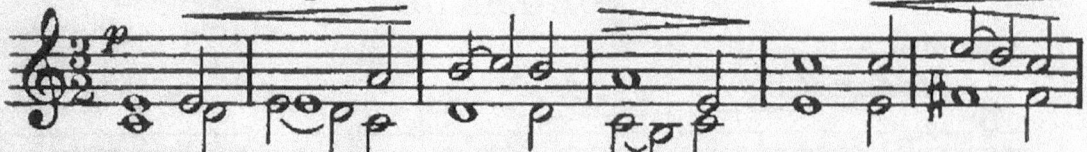

1. Tan-tum er-go Sa-cra-men-tum, Ve-ne-re-mur
2. Ge-ni-to-ri, Ge-ni-to-que, Laus et ju-bi

cer-nu-i: Et an ti-quum do-cu-
la-ti-o: Sa-lus, ho-nor, vir-tus

men-tum No-vo ce dat ri tu-i:
quo-que Sit et be-ne-di-cti-o:

Prae-stet fi-des sup-ple-men-tum Sen-su-
Pro-ce-den-ti ab u-tro-que Com-par

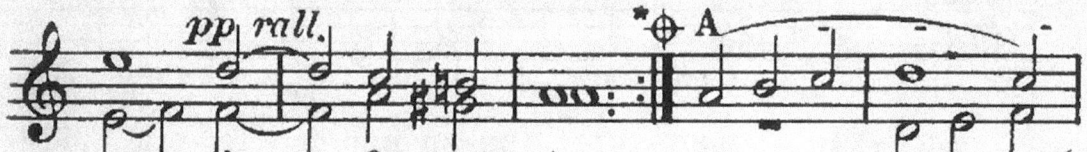

um de-fe-ctu-i.
sit lau-da-ti-o.

A -

men, A - men.

★ Cut may be made ad libitum from ✠ to ✠

325 TANTUM ERGO
Spanish

Fifth Mode — Version given by Dom Suñol

1. Tan-tum ér-go. Sa-cra - mén - tum
2. Ge-ni-tó - ri, Ge-ni - tó - que

Ve-ne-ré-mur cer nu-i: Et an-tí-quum do-cu-mén-tum
Laus et jú-bi-lá-ti-o, Sa-lus, ho-nor, virtus quo-que

No-vo ce-dat rí - tu - i:
Sit et be-ne di - cti - o:

Prae-stet fi-des sup-ple - men - tum
Pro - ce-dén-ti ab u - tró - que

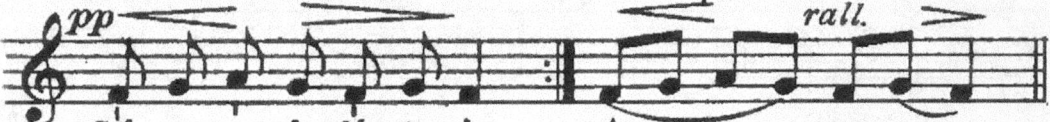

Sén-su-um de-fé-ctu-i. A - men.
Com-par sit lau-dá-ti-o.

Responses:

	During the year	Eastertide
Cel. Panem de coelo praestítisti	e - is.	e - is. Ál-le-lú-ia.
Choir Omne delectaméntum in se ha-	bén-tem.	béntem. Al-le-lú-ia.

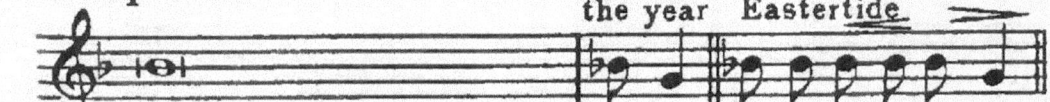

Cel. Prayer ending with:
"Per Christum Dominum nostrum." Choir; A men.

69

Tantum Ergo

Albert J. Dooner

Moderato

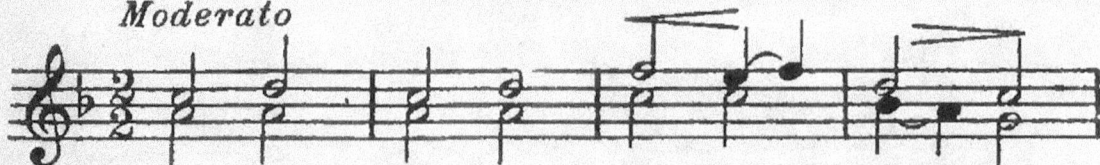

1. Tan-tum er-go Sa-cra-men-tum,
2. Ge-ni-to-ri, Ge-ni-to-que

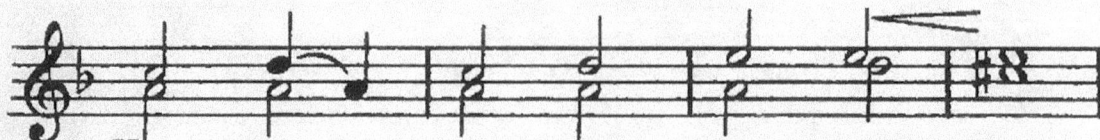

1. Ve-ne-re-mur cer-nu-i:
2. Laus et ju-bi-la-ti-o:

1. Et an-ti-quum do-cu-men-tum
2. Sa-lus, ho-nor, vir-tus quo-que

1. No-vo ce-dat ri-tu-i: Prae-stet
2. Sit et be-ne-di-cti-o: Pro-ce-

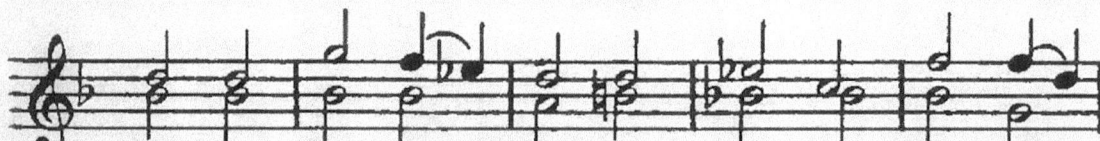

1. fi-des sup-ple-men-tum Sen-su-um de-
2. den-ti ab u-tro-que Com-par sit lau-

1. fe-ctu-i. A-men.
2. da-ti-o.

327 Adoremus and Laudate Dominum

No. 11

Sixth Tone

Chanters (first time)

Arr. by N. A. M.
(Solesmes) Gregorian

Ad - o - ré - mus in ae - tér - num

San - ctís - si - mum Sa - cra - mén - tum.

A *Tutti*

1. Lau-dá - te Dóminum   ó-mnes gen - tes:
2. Quóniam confirmáta est
     super nos miseri-cór-di-a e - jus;
3. Glória   Pa-tri,et Fí-li-o;
4. Sicut erat in
     princípio,et nunc,et sem - per;

B

1. Laudáte eum   ó-mnes pó-pu-li.
2. Et véritas Dómini manet   in aê - tér - num.
3. Et Spirí - -   tu - i San - cto.
4. Et in saécula saecu -   ló-rum. A - men

All Repeat "Adoremus"

My Song of Today

(O HOW I LOVE THEE, JESUS)

328

Words by Saint Therese
of the Child Jesus
The Little Flower of Jesus*

Music by
Nicola A. Montani

1. Oh how I love Thee Je - sus! my soul as-
2. But if I dare take thought____ of what the
3. O sweet-est star of' Hea - ven, O Vir - gin

1. pires to Thee, And yet for one day on - ly my
2. mor-row brings It fills my fic - kle heart_with
3. spot-less blest____ Shin-ing with Je - sus' light____

1. sim - ple pray'r I pray, Come reign with-in my heart,
2. drear-y dull dis - may, __ I crave in-deed' my God,
3. guiding to Him our way, __Moth-er be-neath thy veil,

1. _Smile ten-der - ly on me____ to - day, dear
2. _The cross and suff'rings to-day____ to - day, dear
3. _Let my tired spir - it rest____ for this, dear

1. Lord, to - day____ to - day, dear Lord, to - day.
2. Lord, to - day____ but on - ly for to - day.
3. Lord, for this____brief pass - - ing day.

329 Christ the Lord Hath Risen

PRCESSIONAL

Tr. from the German
XII Cent.

XII Century Melody
Harmonized and Arr. by N. A. M.

Maestoso

1. Christ the Lord hath ris - en
2. Christ to rend a - sun - der
3. Christ, our Vic - tor - gi - ant

1. From His three-day pris - on; Meet it is to
2. Chains that kept us un - der, Sa - tan's yoke was
3. Quells the foe de - fi - ant: Let the ran-somed

1. make mer-rie, Je - sus will our sol-ace be.
2. slain of yore; Now He lives to die no more.
3. peo - ple sing Glo - ry to the Ea-ster King.

Al - le - lu - ia, Al - le - lu - ia,

no rit.

Al - le - lu - ia, Al - le - lu - ia.

O Sacrament Most Holy 330

INVOCATION

Ch. Gounod
Arr. by N. A. M.

With devotion

O Sac-ra-ment most ho-ly, O Sac-ra-ment di-vine, All praise and all thanks-giv - ing, be ev -'ry mo-ment Thine, be ev -'ry mo-ment Thine.

Heart of Jesus 331

Nicola A. Montani

Slowly

Heart of Je - sus I a - dore Thee: Heart of Ma-ry, I im - plore thee: Heart of Jo-seph, pure and just; In these hearts I put my trust.

332 My God, My Father, While I Stray
(THY WILL BE DONE)

Traditional
Slowly and with devotion

A. H. Troyte
N. A. Montani

1. My God my Fa-ther, while I stray
2. Though dark my path and sad my lot,
3. What though in lone-ly grief I sigh
4. Re-new my will from day to day,

1. Far from my home in life's rough way;
2. Let me be still and mur-mur not;
3. For friends be-loved no long-er nigh,
4. Blend it with Thine, and take a-way

1. Oh teach me from my heart to say:
2. Or breathe a pray'r di-vine-ly taught,
3. Sub-mis-sive still would I re-ply:
4. All that now makes it hard to say,

Allarg. *pp* *rall.*

1. "Thy Will be done," "Thy Will be done!"
2. "Thy Will be done," "Thy Will be done!"
3. "Thy Will be done," "Thy Will be done!"
4. "Thy Will be done," "Thy Will be done!"

Hymn to the Infant Jesus of Prague   333

Text by a Carmelite Nun*

Music by Philip A. Bansbach

mf *Andante* (Unison or two-part)

1. O sweet In-fant Je-sus, we hail Thee Our
2. Thy Right Hand is raised high to bless us, The
3. O sweet-est Child Je-sus we love Thee, Our

1. Sav-iour, our God and our King! The Word in our flesh dwell-ing
2. world in Thy Left Hand doth lie; Then how can we fail, Lord to
3. lives mir-ror Thine ev-'ry day In mer-cy and jus-tice to

1. with us Our hearts all a-dore as we
2. ha-sten To Thee when e'er sor-row is
3. oth-ers, For then Thou will heed when we

1. sing. Though Thou art the great God of__ Heav-en, We
2. nigh? Dear In-fant of Prague, hear our pray'r For-
3. pray. Lit-tle King, we all trust in Thy good-ness Our

1. ex-iles on earth for a-while Re-joice in the sweet con-so-
2. get not Thy prom-ise so true That when we but hon-or and
3. needs now we place in Thy care. We know Thou wilt hear us and

1. la-tion The light of Thy heav-en-ly smile.
2. love Thee, Thy bless-ings are lav-ished a-new.
3. help us, And let us Thy great bless-ings share.

76

334 Hail, Holy Queen Enthroned Above

SALVE REGINA COELITUM

Traditional

Allegretto

Philip A. Bansbach

1. Hail, ho-ly Queen, en-thron'd a-bove, O Ma-ri - a! Hail,
2. Our life our sweet-ness here be-low, O Ma-ri - a! Our
3. To thee we cry, poor sons of Eve, O Ma-ri - a! To

(1) *Sal - ve Re - gi - na coe-li-tum, O Ma-ri-a! Sors*
(2) *Ad te cla-man-us ex-su-les, O Ma-ri-a! Te*

1. fount of mer-cy and of love, O Ma-ri - a!
2. hope in sor-row and in woe, O Ma-ri - a!
3. thee we sigh, we mourn and grieve, O Ma-ri - a!

(1) *u - ni-ca ter-rí - ge-num, O Ma-rí - a!*
(2) *nos ro-ga-mus sup-pli-ces, O Ma-ri - a!*

1-3 Tri-umph all ye Cher-u-bim; Sing with us, ye
(1-3) *Ju - bi - lá - te Ché-ru-bim, ex - sul-tá - te*

1-3 Ser-a-phim; Heav'n and earth re-sound the hymn:
(1-3) *Sé - ra-phim, Con - so - ná - te pér-pe-tim:*

1-3 Sal - ve, Sal - ve, Sal-ve Re - gi - na!
(1-3) *Sal - ve, Sal - ve, Sal-ve Re - gi - na!*

Hymn to Christ the King 335

Joseph Michaud

Maestoso

1. Praise we Christ; the King, The strength of all the
2. Grant us Thy law to keep, Teach us Thy cross to
3. From the great judg-ment seat May'st Thou in jus-tice

1. strong, To whom a-lone all ho-ly deeds And
2. bear, And thus re-turn Thy love____ Here
3. say That we too kings may be,____ And

Chorus

1. all great works be-long.
2. and in realms a-bove. O Praise, O
3. share Thy Throne with Thee.

Praise be to Thee, our Lord and King. King.

336 Great King of Kings

J. G. Hacker, S. J.　　　　　　　　　　　J. Kreitmaier S. J. (adapted)

Solemnly

1. Great King of Kings and Lord of Lords,
2. Thy claim to King-ship was con-firmed
3. "Thy King-dom come!" shall be our prayer,

1. Rul - er of all cre - a - tion, Whose roy-al right and
2. When, to our earth de-scend-ing, Thou didst re-deem our
3. Souls to Thy serv-ice lead-ing, Till all the world is

1. sov-ereign sway Ex-tend to ev - 'ry na-tion.
2. fall - en - race To share Thy reign un - end - ing.
3. won to Thee And heeds Thy ten-der plead-ing.

Refrain (Two beats in measure)

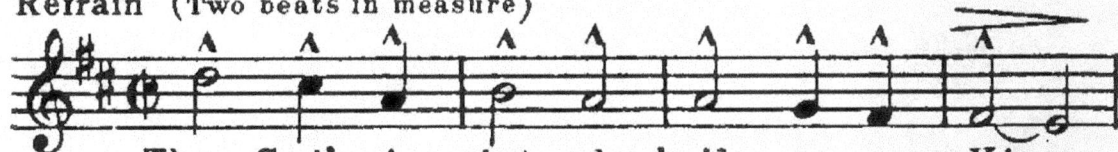

Thee, God's A-noint-ed, hail we our King;

Pledg-ing al - le - giance, trib-ute we bring;

allargando

Firm in our faith to Thee we cling!

For Ordinations, Sacerdotal Jubilees, Festivals etc.

A Priestly Heart, the Sacred Heart 337

English Version by the Rev. Henry Barth,
O.M.Cap.B.Mus.

I. Mitterer
Edited by N.A.M.

Allegro cantabile

1. A priest-ly Heart the Sa-cred Heart, For
2. A priest-ly Heart the Sa-cred Heart, Its
3. A priest-ly Heart the Sa-cred Heart, Our

1. sins of men the bur-den bear-ing, Seeks ev-'ry-where in
2. heav-y cross a sad life stor-y, It takes the weight of
3. souls' sal-va-tion its de-sire___ For souls it suf-fered

1. lov-ing care To bring back home the sheep when err-ing.
2. hu-man guilt And gives in turn ce-les-tial glor-y.
3. pain and death With love for souls 'tis all a-fire!

1-3. O Sa-cred Heart with love be-nign, Make

1-3. of our hearts Thy al-tar shrine May we **he al-ways with hearts like

allarg.

1-3. Thine Be ho-ly priests, Oh Heart Di-vine! vine!

* Seminarians sing : one day; priests sing : always.

Music by permission of Canisianum, Innsbruck, Austria. Copyright 1929 by
Rev. Dominic Meyer, O.M. Cap., S.T.D.   By permission of the copyright owner

** For jubilee of a Priest insert "his heart"
*** For jubilee of a Priest insert "he always"
**** For jubilee of a Priest insert "be a holy Priest"

www.ingramcontent.com/pod-product-compliance
Lightning Source LLC
Chambersburg PA
CBHW050705150426
42813CB00055B/2559

9 781629 920313